音のトリックの謎をとけ！

楽しいサウンドマジック

藤原邦恭

いかだ社

はじめに

　この本は、音とマジックをテーマに21種のマジックを紹介しています。
　マジックには音が大事というと、マジックの時のBGMがまっ先に思い浮かびますね。もちろんそれは大切ですが…ここではBGMではなく、ふだんはあまり意識のない、音とマジックの現象とのかかわりについてスポットを当ててみました。

　さあ、どんなマジックが集まったかというと…
　手づくりおもちゃのような工作マジック、科学を応用したサイエンスマジック、知らないうちに音の効果を使っていたマジックなどなど、おもしろいものばかり。初めてマジックをする人も、マジックの経験がある人にもおススメです。
　マジックは内容別に3つに分けることにしました。

1章　音が出るマジック
　　　——音そのものが主役で、音がなければ成り立たないマジック
2章　音の錯覚や原理を使ったマジック
　　　——音が目立たないところでふしぎの元になっている、
　　　　もしくは手助けをしているマジック
3章　音が驚きをパワーアップするマジック
　　　——音はなくても成り立つが、あればより効果的になる
　　　　マジック

　最初、マジックを音というテーマにしぼると、種類が限られて似たようなマジックにかたよるかな？　と思いました。しかし進めていくうちにそうでもなく、実用的でおもしろいマジックに音がかかわっていた、という発見があったりしたのです。
　内容も、科学の原理を使ったものや、入門マジックとしてバッチリなもの、やさしくて効果的なもの、古典的な名作、新しい傑作マジックなどとバラエティに富んでいます。
　なので音とのかかわりを意識することなく、身近に楽しめるマジック（入門〜中級）の本として考えても大丈夫です！　もちろん音の効果をじっくり意識したうえでの活用もOK。
　あっさり見ても、じっくり見てもおもしろい「サウンドマジック」をお楽しみください！

　　　　　　　　　　　　　　　　　マジッククリエイター　藤原邦恭

もくじ

はじめに………3

1章　音が出るマジック

- **クォーン！**　音を注がれたコップ………6
- **ペキペキ！**　かたくなるカード………8
- **ビビビ！**　静電気紙コップ………10
- **バタバタッ！**　音がとびだす謎のポチぶくろ………12
- **コケコッコー！**　ニワトリカップ………15
- **ドレミファ！**　サウンドキャンディ………19
- **チーン！**　魔法のトライアングル………22

2章　音の錯覚や原理を使ったマジック

- **ゴーンゴーン！**　この鐘を鳴らすのは私………25
- **ポキッ！**　つまようじの復活………26
- **シャカシャカ！**　お菓子のゆくえ………28
- **チャリーン！**　観客が消すコイン………31
- **パン！**　風船イリュージョン………34
- **ジャラジャラパッ！**　忍者コイン／両替の術………37
- **ジャラジャラ！**　忍者コイン／取りよせの術………40

3章　音が驚きをパワーアップするマジック

- バシュッ！　紙ナプキンの串刺し………43
- ジャラジャラ！　お椀からコイン………45
- ピ〜〜〜！　楽器のスゴロクマジック………48
- ♪♪♪　バースデーメッセージ………52
- ザワザワ！　ザワザワキャンディ………56
- パン！　マジック紙鉄砲………59
- リン！　移動する鈴………62

1章　音が出るマジック

音を注がれたコップ

音叉の振動音をコップに注ぎ、そのコップをかたむけると……、テーブルに音がこぼれ出た！

演技

①音叉を使って、見えない音のマジックをします。

②たたきますと、

③音が音叉にたまります。

④この音をつかまえて、

⑤コップに入れます。

⑥もう一度

⑦注ぎます。

⑧コップをかたむけると…、音がこぼれ出ました。

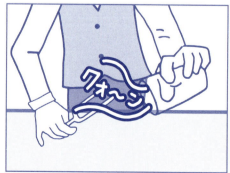

●用意するもの●
音叉　コップ

1章　音が出るマジック

？ 謎をとけ！
タネあかし

演技⑧でコップをかたむけるとき、ひそかに音叉の根元をテーブルにつける。すると⑥でたたいた振動がテーブルに伝わって音がするんだよ。

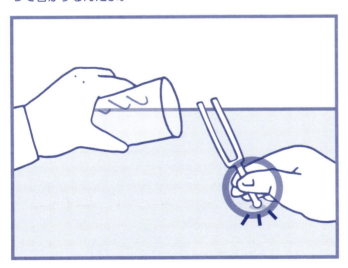

ポイント

● 演技ではテーブルをたたいているけど、クロスがしいてなかったりテーブルが傷つくのが心配ならやめよう。自分のひざをたたくか、音叉用たたき棒を使おう。

● 音を大きく出すには、音叉のUの字部分にさわらないこと。

● 振動が伝わりやすいテーブルかどうかも、事前にためしておくとよい。

● 人があまり多くなく、静かな環境でやろう。

 ## かたくなるカード

トランプを曲げると音もなくしなりますが、
おまじないをかけるとかたくなり、
ペキペキと音がします。

演技

①トランプが1まいあります。

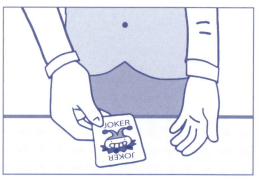

②このようにやわらかいですね。

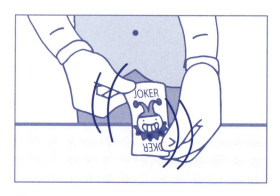

③おまじないをかけますと、これが
かたくなります。

④

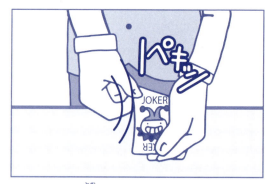

⑤

⑥はい、この通り。

●用意するもの●
トランプ1まい

1章 音が出るマジック

謎をとけ！タネあかし

秘密は右手の持ち方にある。
演技②のように音を出さないときは中指をそえず、
音を出すときは中指をそえるのだ。

❶親指はトランプごしに人さし指と中指の間を強めにおして、トランプが反るように持つ。

❷右手を上げて、反りがなくなると音が出る。

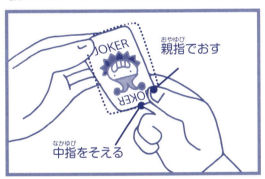

❸右手を下げてもどすと音が出る。これをくり返す。

ポイント

●軽めのマジックなのでユーモラスに演じよう。つぎのような演出も楽しいよ。かたく音がするトランプからはじめ、「このトランプは、はたらきすぎてコリがすごいようです。マッサージしてみましょう」と言ってトランプをさすります。そして「コリはとれました」と言い、音もなくしならせて終わります。

●トランプのかわりにハガキや名刺などでもOK。

ビビビ！静電気紙コップ

紙コップをこすり、指を入れると
静電気の音がします。

演技

①紙コップで静電気を起こします。このようにソデにこすりつけて…

②指を入れると…

③少し来ましたね～。

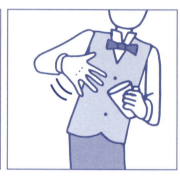

④痛くないから入れてみますか？　どうぞ。

⑤

「はい、なんかドキドキするけど…」

「そぉ～っと」

⑥

「音がした！やっぱりこわいな～」

●用意するもの●
紙コップ

1章 音が出るマジック♪

? 謎をとけ！タネあかし

❶親指で軽くおす。あとは、指を入れるタイミングに合わせて…

❷親指をゆっくりこすって音を立てる。

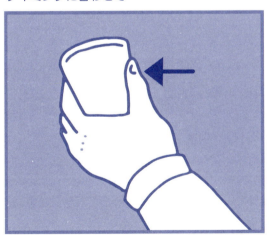

ポイント
●乾燥し過ぎや湿らせ過ぎでも音は出ない。適度なコンディションと力の入れぐあいをためしてみよう。

バタバタッ！音がとびだす謎のポチぶくろ

ポチぶくろを振ると音がします。音を消すゼスチャーをすると音がしません。相手に中をあけてもらうと…、振動とともに大きな音がします。

●用意するもの●
ポチぶくろ　ゼムクリップまたは針金（約10cm）
5円玉　10円玉　輪ゴム　ラジオペンチ

演技(えんぎ)

①このふくろを振ると、音がしますね。

②この音を消してみます。

③このように音をつかみ…

④ホイ！ 捨ててしまいます。

⑤では振ってみましょう。音がしません。

⑥どうぞ、中を大きくあけてみてください。

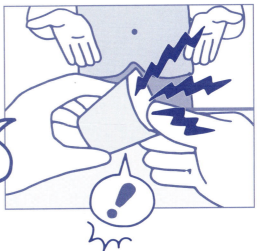

1章 音が出るマジック

準備(じゅんび)

針金(はりがね)があればゼムクリップからつくらなくてもよい。

1 ラジオペンチで図(ず)のように加工(かこう)する。

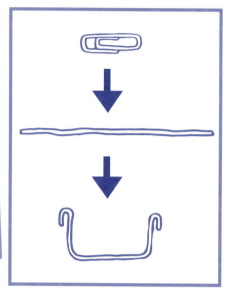

2 輪(わ)ゴム、5円玉(えんだま)、針金(はりがね)を図(ず)のように組(く)み合(あ)わせる。

3 しかけを巻(ま)く。10円玉(えんだま)を底(そこ)に入(い)れ、しかけを中(なか)ほどに入(い)れて準備完了(じゅんびかんりょう)。

しかけは、ふくろの底(そこ)に近(ちか)いと回転(かいてん)せず音(おと)が出(で)ないので、中(なか)ほどに入(い)れる

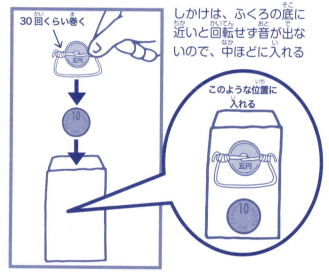

このような位置(いち)に入(い)れる

? 謎(なぞ)をとけ！ タネあかし

演技(えんぎ)⑤で音(おと)がしないのは、人(ひと)さし指(ゆび)でふくろの下(した)をおして10円玉(えんだま)の動(うご)きを止(と)めているから！
あとは演技(えんぎ)①〜⑥の通(とお)り進(すす)めよう。

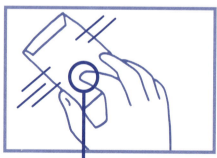

人(ひと)さし指(ゆび)でおしながら振(ふ)り、音(おと)を立(た)てない

ポイント

● 演技(えんぎ)②〜④の音(おと)を消(け)す動(うご)きは、てれずに茶目(ちゃめ)っ気(け)たっぷりに演(えん)じよう。

● 音(おと)をのみこんだり、ポケットにしまったり、何度(なんど)かくり返(かえ)してもよい。

コケコッコー！ ニワトリカップ

紙コップに突如あらわれたニワトリ。
ひもを引いたら鳴き出した。そしてたまごをうんじゃった！
紙コップを使った音の出るおもちゃの応用です。

1章　音が出るマジック

型紙

●用意するもの●
- ニワトリの絵（型紙）
- 紙コップ3個（7オンス：205ml）
- 装飾テープ（はば約1cm）
- タコ糸（約80cm）
- ようじ（半分の長さ）　たまご
- セロハンテープ　はさみかカッター
- 湿らせたティッシュまたは
  紙おしぼり

演技(えんぎ)

①紙(かみ)コップが2つあります。

②このように重(かさ)ねます。

③おまじないをかけますと…

④ニワトリの絵(え)が あらわれました。

⑤さらに、ひもも ついていますね。

⑥ティッシュでひもを 引(ひ)っぱってみると…

⑦ニワトリの地鳴(じな)きが 聞(き)こえます。

⑧

⑨

⑩つぎはオスの鳴き声です。

⑪うまく聞こえますか？

⑫こんどはメスの鳴き声…
あっ、メスは鳴かないので

⑬たまごをうみます。

1章　音が出るマジック

準備(じゅんび)

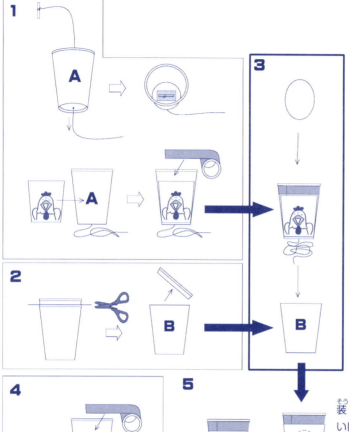

1　コップの底(そこ)に穴(あな)をあけタコ糸(いと)を通(とお)す。糸(いと)の端(はし)をようじに結(むす)び、コップの底(そこ)にセロハンテープでとめる。コップの外側(そとがわ)にニワトリの絵(え)をはる。装飾(そうしょく)テープをコップの上部(じょうぶ)にはる。

2　コップを重(かさ)ね、はみでた部分(ぶぶん)を切(き)りとる。これをBとする。

3　たまご、コップA、コップBの順(じゅん)に重(かさ)ねる。タコ糸(いと)は水(みず)で湿(しめ)らせておく。

4　装飾(そうしょく)テープをコップCの上部(じょうぶ)にはる。

5　2つの紙(かみ)コップと湿(しめ)らせたティッシュペーパーを用意(ようい)して準備完了(じゅんびかんりょう)。

準備完了(じゅんびかんりょう)

装飾(そうしょく)テープは重(かさ)ねたコップのさかい目(め)をカバーするためのもの。

? 謎(なぞ)をとけ！タネあかし

ニワトリの絵(え)は2重(じゅう)のコップでかくされていたね。演技(えんぎ)③④で2重(じゅう)のコップを外(はず)すときは、つぎのようにしている。

❶ 左手(ひだりて)の親指(おやゆび)をコップCのフチに当(あ)てておさえる。

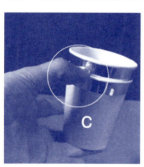

❷ 右手(みぎて)でコップを外(はず)すとき、絵(え)をはったコップAだけを引(ひ)き上(あ)げることができる。あとは演技(えんぎ)①〜⑬のように行(おこな)えばよい。

ポイント

● 鳴(な)き声(ごえ)は、湿(しめ)らせたティッシュを持(も)つ強(つよ)さと、タコ糸(いと)を引(ひ)くリズムにかかっている。いろいろためしてみよう。

● 鳴(な)き声(ごえ)が出(で)るところがおもしろいので、最後(さいご)のたまごは必(かなら)ずしも出(だ)さなくて大丈夫(だいじょうぶ)。

サウンドキャンディ

ドレミファ！

何のしかけもないキャンディを指でおすと…音がします！

1章 音が出るマジック

●用意するもの●
- おもちゃのピアノ（音が出る小さめのもの。100円ショップにある場合も）
- マチのある紙ぶくろ2まい（ピアノがおさまるサイズ）
- キャンディ数個
- カッター
- のりかセロハンテープ

演技(えんぎ)

①今日はキャンディを持ってきました。

②横にならべます。

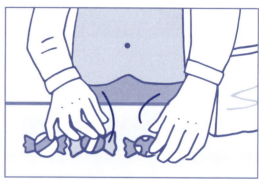

③指でおしてみてください。
何もおこりませんね。

④でも、私がおすと…

準備(じゅんび)　図のようにしかけをつくる。

1

ここまで入れる
切りとる

2

切りとる

3

4　折り返して接着する
（のりかセロハンテープ）

入れる

⑤

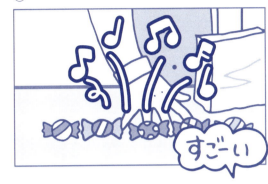

⑥ すごーい

⑦この通り。
で、そのキャンディどうするの?

⑧もちろん、持って帰ります。
ガーン!

1章 音が出るマジック

5 キャンディ
準備完了

? 謎をとけ! タネあかし

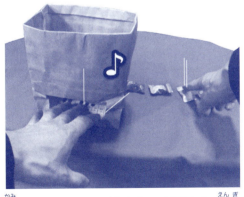

紙ぶくろにしこんだおもちゃのピアノ。演技③〜⑥では、キャンディをおすタイミングに合わせて、左手の指でひそかにおしているよ。

ポイント

● 演技②でキャンディをならべるとき、紙ぶくろをいかにいい場所におくかが重要だ(左手が自然にかくれるように)。キャンディも紙ぶくろからあまりはなれないところにおこう。

魔法のトライアングル

棒は使わずに、指1本でトライアングルを鳴らしてみせましょう！！

●用意するもの●
小さいトライアングル
小さい呼び鈴（どちらも100円ショップ）
大きめの紙コップ2個…呼び鈴にかぶさるサイズ。少しきつくてもよい。
参考サイズ：16オンス（450ml）以上
細い両面テープ
はさみ

演技(えんぎ)

①指(ゆび)1本(ぽん)で音(おと)を出(だ)すふしぎな実験(じっけん)をします。

②トライアングルをこのようにつるし

③紙(かみ)コップの間(あいだ)にかけます。使(つか)うのはこの人(ひと)さし指(ゆび)です。

④さあ、いきますよ〜。

⑤

⑥うまくいきました。どうぞためしてみてください。

1章 音が出るマジック

準備(じゅんび)

しかけをつくる。

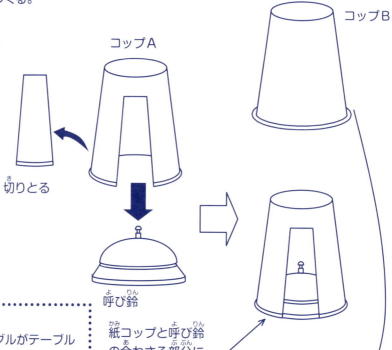

コップA
切りとる
呼び鈴
紙コップと呼び鈴の合わさる部分に細めの両面テープで固定する

コップB
もう1つの紙コップを重ねて準備完了

ポイント

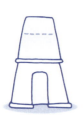

- トライアングルがテーブルにつかないよう、ひもはなるべく短く。それでも高さがたりなければ、左右の紙コップにそれぞれ小さめの紙コップを重ねて高くする（ぼうしのようにかぶせる）。

❓ 謎(なぞ)をとけ！タネあかし

演技③〜⑤を裏から見た図。紙コップにかくされた呼び鈴を、ひそかに小指でおしているよ。

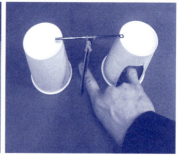

2章　音の錯覚や原理を使ったマジック

この鐘を鳴らすのは私

糸でつるしたスプーンから、大きな鐘の音が聞こえてきた!!

演技

①このスプーンで鐘の音を出してみます。

②糸でつるして指に巻きつけます。

③指先を耳に入れて、テーブルのふちにぶつけると…鐘の音が聞こえます。
自分にだけですけどね。

④

●用意するもの●
　スプーン
　糸（約50cm）

？謎をとけ！ タネあかし

演技②③のようにすれば、音の振動が耳に伝わり、鐘のような音が聞こえるよ。

ポイント

● フォーク、トライアングル、音叉でもできる。

● テーブルにぶつけず、割りばしでたたいてもよい。

 # つまようじの復活

ティッシュに包んだつまようじをポキッ。
折れたはずなのに、元どおりに復活したよ！

演技

①つまようじがあります。

②魔法のティッシュに突き刺して

③半分だけ出します。

④魔法の力が強まるからです。そして

⑤

⑥折れました。

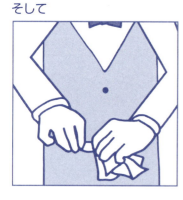 

⑦でも、元にもどしてモミモミとおまじない。

⑧復活しました。どうぞしらべてください。

●用意するもの●
つまようじ
ティッシュペーパー

2章 音の錯覚や原理を使ったマジック

❓謎をとけ！タネあかし

つまようじの端を中指の先ではじいて音を出している。この動きと同時につまようじをへの字に曲げるようにかたむけるが、先端からかたむけているから折れてはいないのだ。

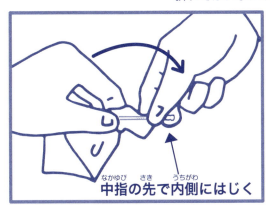

中指の先で内側にはじく

ポキッ

ポイント

●より大きな音を出すには、何度かためして自分なりのポイントを見つけよう。人それぞれ指の形がちがうからね。

●折れやすいつまようじはさけよう。

 ## お菓子(かし)のゆくえ

お菓子(かし)入りのケースと空(から)のケースをならべかえると…、
観客(かんきゃく)は何度(なんど)やっても当(あ)たりません！

●用意(ようい)するもの●
つつ形(がた)のお菓子(かし)の箱(はこ)4個(こ)（同(おな)じ形(かたち)のもの）
輪(わ)ゴム2本(ほん)
タオルハンカチ…箱(はこ)が動(うご)かないようにするため
※長(なが)そでの服装(ふくそう)が必要(ひつよう)です

演技(えんぎ)

①お菓子(かし)が3個(こ)ありますが、これは…空(から)ですね。

③これは…入(はい)ってます。

②これも…空(から)です。

④では今(いま)からまぜますので、お菓子(かし)の入(はい)ったものを当(あ)ててください。

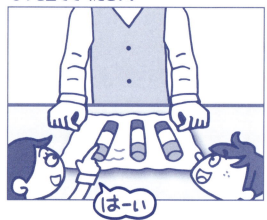

⑤こことここを入れかえます。

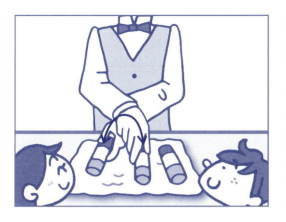

⑥つぎは、こことここを入れかえます。
さあ、どこでしょう。

⑦これは…空です。

⑧これも空。

⑨これが…入ってました。

⑩今度は必ず当たるようにしますね。見えないようにまぜますのでカンで決めてください。

⑪さあ、どれでしょう？

⑫では、これは…入ってます。

⑬これも入ってます。

⑭これも入ってます。みんな当たりでした。

準備

中身入りの箱を輪ゴムで右腕にとめ、ソデをおろしてかくす。
タオルハンカチに空の箱3個をならべて準備完了。音がしないようしんちょうに！

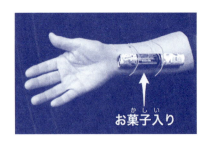
お菓子入り

？謎をとけ！タネあかし

箱は3個とも空なので、左手で振れば音がしない。しかし右手で振ると、しこんだネタの音がするから、観客は中身があると錯覚してしまう。これを利用して①〜⑭の演技をする。

ポイント

● こもった音になるので、すべて強く短めに振ろう。

● 観客が当たらない前半のところは、もう1回くり返してもよい。

● 容器は、ソデにかくれ、振ると音がするものであれば他のものでもよい。

チャリーン！ 観客が消すコイン

観客自身がハンカチごしにコインをコップに入れますが、消えてしまいます。

2章 音の錯覚や原理を使ったマジック

演技

① ハンカチとコインを使ったマジックです。
今日はあなたが主役です。

② ハンカチをテーブルにおき、このコインを…

③ ハンカチの中に入れます。

④ この通り、コインはありますね。

⑤ ではハンカチをかぶせて

⑥ コップを下におきます。

●用意するもの●
50円玉2まい（5円玉でもよい）
もめんのハンカチ
糸（ハンカチと同系色）
針　コップ

あなたが消すのダ♥

⑦コインをハンカチごしにつまんでください。

⑧では、コップの中にコインを落としてください。

⑨おまじないをかけてみてください。

⑩それでは見てみましょう。

⑪

⑫あなたの魔法でコインは消えてしまいました。

● 演技⑧でコインが確実にコップの中に入るように、位置と高さに気をつけよう。

準備

糸をハンカチのまん中でぬいつけ、50円玉を結ぶ。
ハンカチを折りたたみ、コップと50円玉を用意して準備完了。

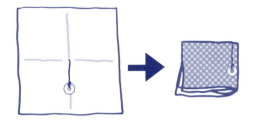

？謎をとけ！タネあかし

ハンカチの中でコインをすりかえて相手に持たせている。相手が持ったコインは糸でつながっているので、コップに落としてもハンカチとともに取りさることができる。
すりかえの方法はつぎの通り。

❶コインを見せて、ハンカチの中に入れる。

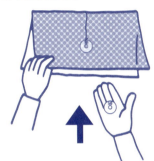

❷指の裏で糸のついたコインをおさえ、いっしょにすべらせながら移動させる。

❸ハンカチをめくってコインを見せるとき、ネタのコインは手の裏にかくれている。

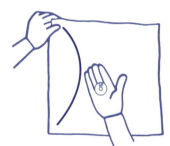

❹ハンカチをふせたら、この中でネタのコインを指先に持ち、ふつうのコインはかくし持つ。

❺テーブルから持ち上げ、ハンカチのまん中にネタのコインが来るようにする。

❻コップを下に用意してから、相手にネタのコインをつまんでもらう。

あとは演技⑨〜⑫のように続ける。コインは右手にかくし持ったままできるし、相手がおまじないをかけている間にこっそりひざの上においてもいいだろう。

ハンカチをぬくとき、ネタのコインがコップに当たって音がしないように、演技⑩のように左の指で輪をつくる。ハンカチはそこをいきおいよく通り、演技⑪のようにとめる。
ハンカチを右手にわたし（かくし持ったコインのカムフラージュになる）、左手でコップの中を見せて終わる。

2章　音の錯覚や原理を使ったマジック

 # 風船イリュージョン

ダンボールに入れた風船を串で刺すと、割れてしまう。
そこでダンボールに空気を吹きこみ、中をあけると…
ふくらんだ風船が出てくるよ！

演技

①神秘のイリュージョンマジックです。今日は人間のかわりに…

②風船とこの箱を使います。

③風船を箱にもどします。

④入ってますね。

⑤封をします。

⑥箱を横むきにして…

●用意するもの●
風船
細長い風船（ツイストバルーン）　キリか千まい通し
ハンドポンプ（風船をふくらませる手動のポンプ）
ダンボール…ふくらんだ風船が入るサイズ
　　参考：約25cm（たて）×約28cm（横）×約18cm（高さ）
割りばし　　つまようじ　　セロハンテープ　　ガムテープ

2章　音の錯覚や原理を使ったマジック

⑦この串を刺しますが…あれ？
割れましたね。

⑧ポンプで空気を入れましょう。

⑨さあ、どうなっている
でしょうか。

⑩風船は元にもどりました！

準備(じゅんび)

1　串(くし)をつくる。

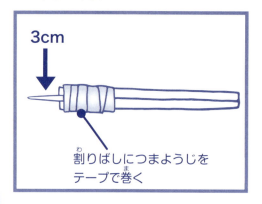

3cm
割(わ)りばしにつまようじをテープで巻(ま)く

2　串(くし)のつまようじが通(とお)る穴(あな)をあける。

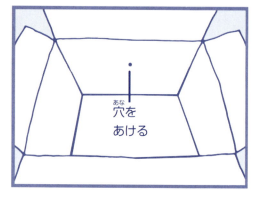

穴(あな)をあける

3　細長(ほそなが)い風船(ふうせん)を図(ず)のように入(い)れる。串(くし)が刺(さ)さるように位置(いち)を固定(こてい)し、セロハンテープをはる。

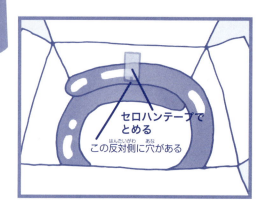

セロハンテープでとめる
この反対側(はんたいがわ)に穴(あな)がある

4　丸(まる)い風船(ふうせん)がきつめに収(おさ)まるようふくらませ、箱(はこ)に収(おさ)めて準備完了(じゅんびかんりょう)。

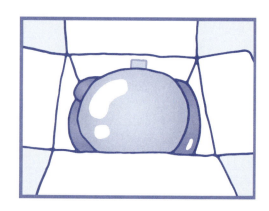

？謎(なぞ)をとけ！タネあかし

割(わ)れて音(おと)がするのは、ダミーの細長(ほそなが)い風船(ふうせん)を刺(さ)したから。しっかり準備(じゅんび)をして、演技(えんぎ)の通(とお)りに行(おこな)おう。

ポイント

● 串(くし)の取(と)り扱(あつか)いにはじゅうぶん気(き)をつける。

● 串(くし)を刺(さ)すときはあっさりとやらず、しっかり注目(ちゅうもく)させてから刺(さ)すこと。うっかり音(おと)を聞(き)きのがす人(ひと)もいるからね。

● まわりの音(おと)が大(おお)きくない環境(かんきょう)でやろう。

忍者コイン／両替の術

ジャラジャラパッ！

100円玉5まいを紙コップに入れると…ドロロン！
500円玉に両替されます。これに続けてつぎの
「取りよせの術」を演じることもできるぞ。

2章　音の錯覚や原理を使ったマジック

●用意するもの●
- 紙コップ（大）…8オンス（240ml）〜16オンス（480ml）
- 試飲用紙コップ（小）…1オンス（30ml）〜2オンス（60ml）
- 厚手の両面テープ
- 100円玉5まい　500円玉1まい

演技

①100円玉が5まいあります。

②紙コップに入れます。

③入ってますね。よく振っておまじないをかけます。

④手ににぎります。

⑤すると…

⑥500円玉に両替されました！

準備

図のようにつくる。500円玉を紙コップ（小）の底に乗せて準備完了。

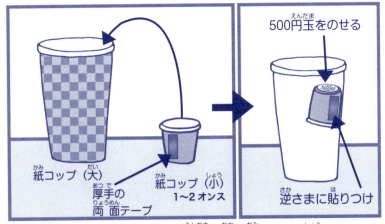

？謎をとけ！タネあかし

コップをかたむけたとき、100円玉は中の紙コップ（小）に収まり、かわりに500円玉が手の中に落ちる、というしかけだ。演技②〜⑥を裏から見るとこうなる。

❶

❷ おまじないをかけるとき、左手はつぎにかたむけやすいように持ち直す。

❸

❹ 演技⑤ではにぎった手に注目させながら、コップを逆さまにそっとおく。

ポイント

- ジャラジャラという音が効果的にはたらいているね。演技④の直後に音が消えると、まるでにぎったかのように錯覚する。にぎるタイミングも取りやすいだろう。
- 100円玉がコップ（小）にすべり落ちるよう、コップを持つ位置に注意しよう。

 ## 忍者(にんじゃ)コイン／取(と)りよせの術(じゅつ)

空中(くうちゅう)で見(み)えないコインをつかみ、紙(かみ)コップに入(い)れると…
本物(ほんもの)があらわれた！　どんな忍術(にんじゅつ)を使(つか)ったのか!?
「両替(りょうがえ)の術(じゅつ)」（p37）から続(つづ)けてやっても楽(たの)しいよ。

演技(えんぎ)

①空中(くうちゅう)からお金(かね)をつかまえてみましょう。
ここに1まい。

②ここにも1まい。

③お、ここにも。

④こっちにも1まい。

⑤こんなとこにも1まい。

⑥これを右手(みぎて)にのせます。

●用意するもの●
p39でつくった紙コップ
厚手の両面テープ
コイン数まい

準備

「両替の術」のコップを使う（つくり方はp39）。コップ（小）にコイン数まいを入れ、逆さまにふせてテーブルにおく。
※「両替の術」が終わった状態から続けて行う場合は、手にした500円玉はポケットにしまって演技に入る。

2章　音の錯覚や原理を使ったマジック

つかまえるよ

⑦フフ…何も見えないでしょうが…

うん、見えない

⑧コップをかぶせ…

⑨中に入れると

ジャラジャラ
！？

⑩本当にあらわれます！

ジャラジャラ
おお～っ　すご～い

❓ 謎をとけ！タネあかし

演技⑧〜⑩を裏から見た図。

❶ コップをテーブルから手に乗せるとき、音を立てないように気をつけよう。

コイン

❷ ひっくり返したら、さらにコップを振って音を立てる。このあと手に落とすので、紙コップ（小）に入らないよう、向きを持ち直しておく。

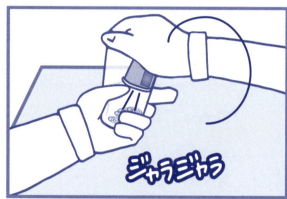

ジャラジャラ

❸

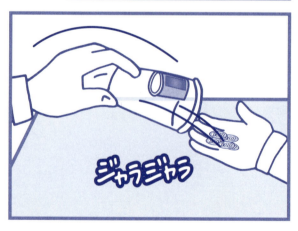

ジャラジャラ

ポイント

● 空中でコインをつかむときは、まず空中にコインを見つけて、それからその場所をつかむようにしよう。この演技は大事だよ。

3章 音が驚きをパワーアップするマジック

紙ナプキンの串刺し

紙ナプキンを突き刺したはずの割りばしが、
音とともに消えてしまった！ 一瞬のできごとにビックリ！
そしてその秘密がすぐにわかって大笑い。

演技

①紙ナプキンと割りばしです。
まん中をねらいます。

②

③1

④

⑤2の

⑥

⑦ 3！

⑧ おや？　割りばしが…消え？

⑨ あ…ここにありました。

? 謎をとけ！タネあかし

これは演技⑥⑦を裏から見たところ。演技②④と同じタイミングで振り上げ、3回目は耳の上にはさみ、手だけを振りおろす。できるだけ大きな音を立てると、よりそこに注目が行くよ。

❶

❷

●用意するもの●
割りばし（半分に割った片方のみ）
紙ナプキン

ポイント

●あまり早く耳の割りばしを見せると、驚く前にオチを知ってしまう。たたきつけたらしばらく間をとり、ゆっくりと割りばしがないことに気づかせよう。

お椀からコイン

ジャラジャラ！

空っぽの２つのお椀。これを合わせて揺らすと…
なんとコインがジャラジャラ出てくる出てくる！ 私もほしい〜〜！

3章 音が驚きをパワーアップするマジック

●用意するもの●
お椀２個
　　お椀を重ねたとき、高台の部分が下のお椀と接するもの
コイン数まい
　　お椀のサイズによって変わるが約７、８まい

演技

①ここに代々伝わるふしぎなお椀があります。

②上のお椀ですが、この通り何もありません。

③元にもどして

④全体をひっくり返します。

準備

図のように準備する。

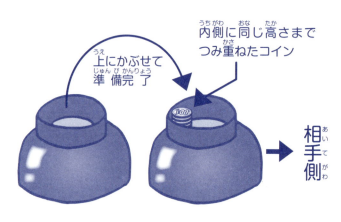

上にかぶせて準備完了

内側に同じ高さまでつみ重ねたコイン

→ 相手側

ポイント

●演技⑦では、じょじょに大きく揺らしていき、だんだん増えているような音の出し方をしよう。なれれば、こんなにたくさんしこむこともできるぞ！

相手側

⑤もう1つのお椀も、何もありません。

⑥これでふたをします。

⑦そしてゆっくり振ると…音がします。

⑧なんとこの通り、お金が出てきました！

? 謎をとけ！タネあかし

演技②を裏から見た図。

演技の通り進めると、コインは常に相手からは見えないが、演技②のときは角度に気をつける。あとは演技③④のとき、強くおさえてひっくり返し、コインの音が出ないように注意する。

※基本的に、相手はお椀より低い位置で見ているのが理想。

3章　音が驚きをパワーアップするマジック

ピ～～～！楽器のスゴロクマジック

スゴロクシートにある5つの
楽器から1つを選びますが、
その予言が音とともに的中します！

●用意するもの●
スゴロクシート(型紙)
ふえ
画用紙（Ａ４以上）
コップ
セロハンテープ

演技

①予言のマジックをします。予言は
コップの中です。

スゴロクシート
（p50）

②お手伝いをお願いします。5種類
の楽器のうち、どれかに指をおいて
ください。

（例：マラカスを選ぶ）

③そこからスゴロクのように、おい
た楽器の文字の数だけ時計回りに進
みましょう。

④では今、指をおいた楽器の文字の数だけ、反対回りに進めましょう。これで最後です。

⑤では予言を見てみましょう。

⑥

⑦予言は…

⑧この通り、ふえです。当たりました。

スゴロクシート

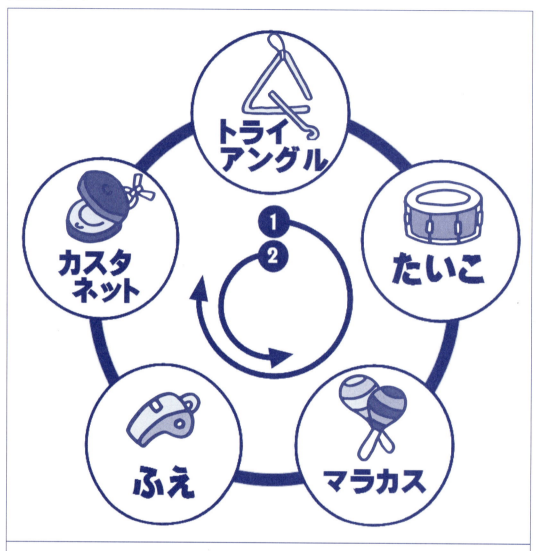

スタート　楽器を1つえらび、そこに指をおいてください。

1　その楽器の文字数だけ時計回りに進んでください。

2　止まった楽器の文字数だけ逆回りに進んでください。

最後に止まったその楽器は・・・

準備

1 画用紙のまん中にふえをセロハンテープでとめる。

2 画用紙を三つ折りにして図のようにコップに入れておく（ふえは相手から見えないように）。

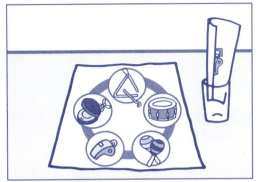

スゴロクシートを用意して準備完了。

❓ 謎をとけ！タネあかし

シートに書かれた指示の通りに進めれば、どれからスタートしても、最後は必ず「ふえ」で終わるようにできているよ。
演技⑥で画用紙を開いた後は、顔をかくすように紙をゆっくりと上げ、ふえをくわえて音を鳴らす。そして横に返してふえを見せ、予言が当たったことを示す。

ポイント

- このスゴロクをどのように進めるか、最初の動かし方だけ自分で見本を見せてから行うと安心。

- 音を出すと迷惑がかかる場合、ふえは吹かずに演技⑧のように示すだけにしよう。

バースデーメッセージ

音楽が流れるメッセージカード。そのカードを紙に包み、おまじない。紙を広げると…メッセージカードが消えてメッセージがあらわれ、紙ふぶきが舞います！

演技

①お誕生日のマジックをします。
これは曲の出るメッセージカードです。

②ボタンをおして曲を流してみましょう。
ハッピーバースデーの曲ですね。

③紙に包んでいきます。

④

⑤

⑥

●用意するもの●
メッセージカード…カードを広げてボタンをおすと
「ハッピーバースデー」の曲が流れるもの
コピー用紙２まい（B4サイズ）
紙ふぶき
のりか両面テープ

3章 音が驚きをパワーアップするマジック

⑦おまじないをかけます。

⑧中を見ると

⑨カードが消えて、メッセージがあらわれました。
お誕生日おめでとうございます！

⑩

準備(じゅんび)

1　このサイズを参考に、コピー用紙2まいに折りぐせをつける。

2　1まいをたてに反転し、メッセージをかいたもう1まいを図のようにはる。メッセージは裏に透けないようにかこう。

3　下の部分を折り、中ほどに紙ふぶきを入れる。

4　上の紙をたたんでいく。

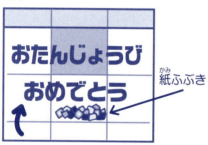

5

6

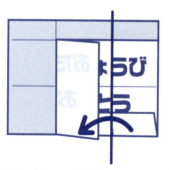

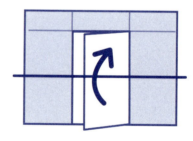

7　全体を横むきに反転させておき、準備完了。

メッセージカードの曲は通常、何回かくり返して自動で止まる。何回で止まるかは把握しておこう。

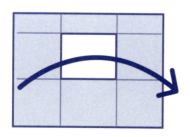

❓ 謎をとけ！タネあかし

包む紙が二重のしかけになっていて、メッセージカードを消したように見せている。
演技②でカードのボタンをおして曲を流す。この先、演技⑦のおまじないの後でちょうど曲が終わるのがベスト。
なので、演技②からそのタイミングを意識しながら進めていこう。

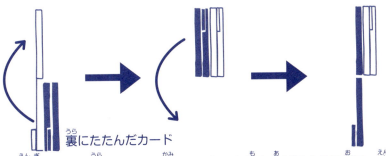

演技⑥では、裏にたたんだ紙もいっしょに持ち上げるように折る。演技⑧で紙を下に開くとき、裏にたたんだ部分だけ開く。あとは図のように開いていき、カードが消えてメッセージがあらわれたことを示す。
演技⑩では紙全体を上下に振り、紙ふぶきを散らせる。

📍ポイント

● 演技⑦のおまじないで曲が止まるのが理想だが、演技に無理がでるようなら前後してもかまわない。演技⑨までには止まるようにしよう。

3章 音が驚きをパワーアップするマジック

 # ザワザワキャンディ

丸(まる)めた画用紙(がようし)からキャンディが出(で)てきます。

演技(えんぎ)

①マジックですよ。
②この中(なか)には
③画用紙(がようし)が

④入(はい)ってます。
⑤これを開(ひら)いて
⑥

●用意するもの●
大きい封筒(角A2サイズ)　　画用紙(A3サイズくらい)
大きい紙コップ
キャンディ(紙コップに入るだけ)
キャンディを受けとる容器　　カッター

3章　音が驚きをパワーアップするマジック

⑦封筒は

⑧使いません。

⑨そして、丸めて

⑩コーンをつくります。

⑪耳をすませてください。
これを横に小さく振ると…

⑫こんなにたくさん、キャンディが
わき出てきます。

準備

1　図のようにカッターで切りとる。

2　穴はこのように持ち、親指が出るくらいのサイズにする。

3　画用紙を二つ折りにして封筒に入れ、キャンディを入れた紙コップを図のように持って準備完了。

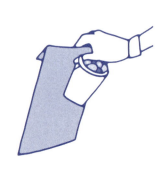

❓ 謎をとけ！タネあかし

はじめから封筒の裏にキャンディ入りの紙コップをかくし持っているんだ。
とくに演技⑥～⑧が重要となる。これは裏から見た図。画用紙と封筒の間には人さし指をはさみ、持ちかえを楽に行っている。このように封筒と画用紙を持ちかえれば、ネタの紙コップは観客から見られることはない。

❶

❷

ポイント

●演技⑪でコーンを振るとき、はじめは小さく、じょじょに大きく振ろう。それに合わせて音もだんだん大きくなっていくよ。

❸
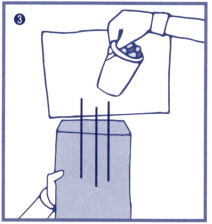

マジック紙鉄砲(かみでっぽう)

紙鉄砲(かみでっぽう)にティッシュをつめて鳴(な)らすと、音(おと)とともにティッシュは消(き)えてしまいます。消(き)えたティッシュは胸(むね)ポケットから出(で)てきます！

演技(えんぎ)

①一瞬(いっしゅん)の早(はや)わざマジックです。このティッシュを…

②この中(なか)に入(い)れます。

③確(たし)かに入(はい)りました。では、せーの

④

⑤中(なか)を広(ひろ)げると

⑥この通(とお)り

⑦何(なに)もありません。

⑧消(き)えたティッシュは…ここに来(き)ていました。

3章 音が驚きをパワーアップするマジック

●用意するもの●
新聞紙（全紙の半分）　ポケットをつくるための別の新聞紙
ティッシュペーパー2まい（色のあるお花紙、小さいシルクのハンカチーフでもよい）
のり

準備（じゅんび）

1　図にしたがって紙鉄砲をつくる。

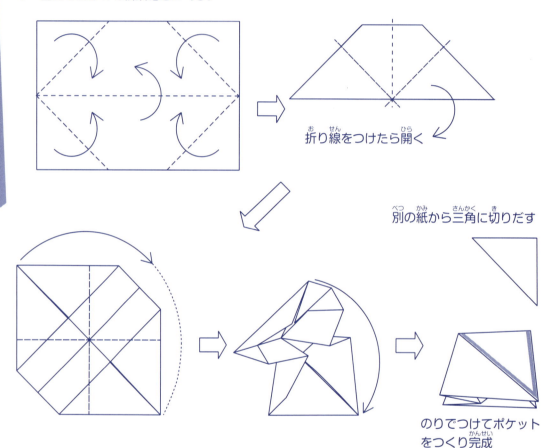

折り線をつけたら開く

別の紙から三角に切りだす

のりでつけてポケットをつくり完成

2　図のようにポケット面が内側になるように折る。

入り口
ポケット面

3　そのポケット内がすぐ開くようにして手に持つ。ティッシュを1まい丸めて胸ポケットに入れておき、もう1まいを手にして準備完了。

ポケット内

❓ 謎をとけ！タネあかし

ティッシュはポケットの中に入れて紙鉄砲を鳴らし、消えたように見せているよ。演技③のときに何気なく平らにつぶしているね。そして振り下ろす。
つぎの図は演技⑤⑥を裏から見たものだ。このように紙を開いていく。
紙全体を広げたら、胸ポケットにしまっておいたティッシュを取り出して示す。

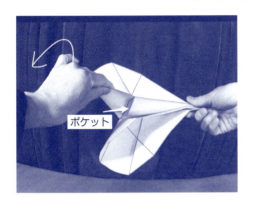

ポイント
- シンプルな現象だが、音が鳴ることがいいアクセントになっている。より印象に残るよう、紙鉄砲を鳴らす練習をしよう。

3章　音が驚きをパワーアップするマジック

移動する鈴

手ににぎられた2個の鈴。
1個が紙コップの中に瞬間移動します。
テレポーテーションか？

演技

①大きな鈴が2個あります。
紙コップに入れますね。

②振ると音がします。

③これらを

④手ににぎります。

⑤よく耳をすましていてください。
ふしぎな瞬間がおとずれます。

⑥

準備

図のように、磁石を中指にセロハンテープでとめる。手の甲側からはテープが見えないようにする。紙コップと鈴2個をテーブルに置いて準備完了。

⑦この通り、鈴が移動しました。

移動した！

●用意するもの●
大きめの鈴2個
うすくて強い磁石（ネオジウム磁石）
紙コップ
セロハンテープ

ポイント
●音が出るものはあつかいづらいが、これは音を効果的に使ったマジックだ。紙コップをテーブルにふせるかわりに、相手の手のひらで行うとさらに効果的。相手が近いぶん、なれていないとプレッシャーもあるけどね。

？ 謎をとけ！タネあかし

演技③④のとき、実際には鈴1個は磁石について紙コップに残り、1個だけが左手ににぎられる。

横にならべる / 磁石

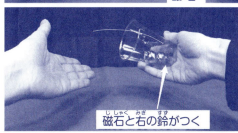

磁石と右の鈴がつく

磁石についたまま / 1個だけ落とす

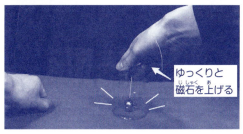

ゆっくりと磁石を上げる

3章 音が驚きをパワーアップするマジック

プロフィール
藤原邦恭（ふじわら くにやす）

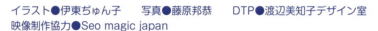

小学校卒業の寄せ書きに将来の夢は…「職業奇術家」と記す。
1990年、プロマジッククリエイターとして始動し、夢を叶える。
以来、不思議と楽しさの融合をめざし、マジックや夢のある遊びを草案。
マジックグッズや書籍を含め、TVや講演、国内外で藤原ワールドを展開中。

【著書】
『おり紙マジックシアター』『おり紙歌あそびソングシアター』
『おり紙マジック ワンダーランド』『100円ショップでどきどきマジック』
『子どもと楽しむ10秒マジック（DVD付）』
『笑劇！教室でできる10秒マジック（DVD付）』
『かんたんクイック手品を100倍楽しむ本』『超ウケ キッズマジック（全3巻）』
『クリスマス・正月のハッピーマジック』（以上、いかだ社）
『お誕生会を変える！保育きらきらマジック』（世界文化社）など多数

イラスト●伊東ぢゅん子　写真●藤原邦恭　DTP●渡辺美知子デザイン室
映像制作協力●Seo magic japan

【参考文献】
『Magic with Science』（W・B・ギブソン／著　高木重朗／訳　金沢文庫）
『奇術と手品の習い方』（石川雅章／著　金園社）

付属DVDについて

| NTSC 2 | 15分 | 16:9 | COLOR | STEREO | MPG 2 | 片面・一層 |

■DVDビデオは、映像と音声を高密度に記録したディスクです。DVDのロゴマークのついたDVD対応プレーヤーで再生してください。■詳しい再生上の取扱いについては、ご使用になるプレーヤー等の取扱説明書をご覧ください。また、一部のパソコン、DVD対応プレーヤーでは再生できないことがございます。ご了承ください。■この製品を権利者に無断で複製、改変、貸与、公衆送信、上映等を行うことは法律により禁じられています。

【館外貸出可能】
※本書に付属のDVDは、図書館およびそれに準ずる施設において、館外貸し出しを行うことができます。

楽しいサウンドマジック [実演DVD付]

2017年3月12日　第1刷発行

著者●藤原邦恭Ⓒ
発行人●新沼光太郎
発行所●株式会社いかだ社
〒102-0072東京都千代田区飯田橋2-4-10加島ビル
Tel.03-3234-5365　Fax.03-3234-5308
E-mail　info@ikadasha.jp
ホームページURL　http://www.ikadasha.jp
振替・00130-2-572993
印刷・製本　株式会社ミツワ

乱丁・落丁の場合はお取り換えいたします。
ISBN978-4-87051-478-2
本書の内容を権利者の承諾なく、営利目的で転載・複写・複製することを禁じます。